Guía

Escrita
Traducida por

El señor de las moscas
de William Golding

Resumen
Express.com

Entiende fácilmente la literatura con

ResumenExpress.com

www.resumenexpress.com

WILLIAM GOLDING 1
Escritor británico

EL SEÑOR DE LAS MOSCAS 2
Una alegoría de la lucha entre la civilización y la barbarie

RESUMEN 3
La organización en la isla
Un monstruo en la isla

ESTUDIO DE LOS PERSONAJES 7
Ralph
Jack Merridew
Piggy
Simon
Roger

CLAVES DE LECTURA 11
Una visión pesimista de la humanidad
Un fuerte contenido simbólico
Una reacción a las novelas de aventuras

PISTAS PARA LA REFLEXIÓN 15
Algunas preguntas para profundizar en su reflexión...

PARA IR MÁS ALLÁ 17

WILLIAM GOLDING

ESCRITOR BRITÁNICO

- **Nacido en 1911 en St Columb Minor, Cornualles (Inglaterra)**
- **Fallecido en 1993 en Falmouth, Cornualles (Inglaterra)**
- **Algunas de sus obras:**
  - *El señor de las moscas* (1954), novela
  - *Los herederos* (1955), novela
  - *Caída libre* (1959), novela

William Golding (1911-1993) es un autor británico. Estudia literatura inglesa en Oxford, después trabaja en un teatro como actor, autor y productor a la vez, antes de convertirse en profesor de inglés y de filosofía.

En 1940 la marina lo convoca y participa en el desembarco en las costas de Normandía. Esta experiencia marca profundamente su visión de la humanidad. De hecho, es destacable el pesimismo que recorre toda su obra y su afán por demostrar la irremediable caída del hombre y el triunfo del mal.

EL SEÑOR DE LAS MOSCAS

UNA ALEGORÍA DE LA LUCHA ENTRE LA CIVILIZACIÓN Y LA BARBARIE

- **Género:** novela
- **Edición de referencia:** Golding, William. 1999. *El señor de las moscas*. Traducido por Carles Serrat Mulá. Madrid: El Mundo Unidad Editorial, colección *Millenium*
- **Primera edición:** 1954
- **Temas:** grupo social, crueldad, locura, poder, miedo, supervivencia

El señor de las moscas se publica en 1954 tras la negativa de varios editores. A pesar de que al principio se vende tímidamente, el libro se convierte en un *bestseller* y desde ese momento forma parte del programa de lecturas de muchos colegios.

La novela sigue los pasos de una banda de niños que están solos en una isla desierta, tras un accidente de avión en el que todos los adultos mueren. En poco tiempo los niños se organizan tratando de reproducir los esquemas sociales que conocen, pero una serie de tensiones en el grupo hace estallar la discusión. *El señor de las moscas* es una obra alegórica que pone de relieve la fragilidad de la civilización, así como la tendencia natural del hombre de caer en la crueldad y la barbarie.

RESUMEN

LA ORGANIZACIÓN EN LA ISLA

Un avión se estrella en una isla aislada al comenzar una guerra atómica. Todos los adultos mueren. Dos niños, Ralph y Piggy encuentran una caracola en la playa, una concha que produce un sonido sordo y poderoso cuando soplan en su interior. Lo utilizan para reagrupar a los supervivientes. Una decena de niños esparcidos por la isla responden a la llamada y se congregan en torno a Ralph. Un grupo de estudiantes, dirigidos por un jovencito llamado Jack Merridew, se une a ellos.

Para organizar la vida cotidiana en la isla, los niños necesitan un jefe y, por tanto, proceden a votar. Los votos se dividen entre Ralph y Jack, pero eligen al primero debido a la fascinación que ejerce en los demás. Lleva a cabo un sistema que garantiza a cada persona la posibilidad de expresarse: sólo el que tenga la caracola en la mano tiene derecho a tomar la palabra. El chico deja la dirección de la coral, un coro de niños, como gesto de amistad a Jack, que decide convertirlo en un cuerpo de caza. De hecho, Jack es un apasionado de la caza y cree que el bosque es aterrador a pesar de su apariencia acogedora. Ralph decide hacer un fuego en el punto más alto de la isla para que tengan la posibilidad de ser vistos y rescatados. Jack y la banda se encargan de su vigilancia.

Enseguida comienza la planificación de la isla. Se construyen cabañas para ofrecer un mínimo de comodidad a los niños. Sin embargo, surgen los problemas, ya que Ralph es el único que participa plenamente.

Durante un mitin, este se da cuenta de que ha habido un cambio de actitud en sus compañeros: han pasado de la felicidad al miedo. Jack interviene y reprocha a los más pequeños las pesadillas que han tenido. Algunos expresan sus angustias: uno dice que vio cómo una bestia salía del océano, mientras que otros hablan de la existencia de fantasmas. La tensión aumenta hasta el punto de provocar un altercado entre los dos niños: Jack reprocha a Ralph que no ha sido un buen jefe. Este quiere dejar su puesto, pero Piggy le convence de lo contrario por el miedo que sienten los niños a Jack.

Un día, Jack se marcha con su grupo de caza y Piggy atisba a lo lejos el humo de un barco. Por desgracia el fuego se ha apagado, lo que provoca la ira del jefe. Cuando los cazadores vuelven con una presa, la felicidad de Jack se opone al silencio de Ralph, que no le perdona que se haya olvidado del fuego. Los dos líderes se miran con deprecio, pero Jack ataca a Piggy que intenta calmarlos y le rompe las gafas. A partir de ese momento, el vínculo entre los amigos queda destruido.

UN MONSTRUO EN LA ISLA

Suena un estruendo mientras los niños duermen: un avión ha explotado y un paracaidista ha logrado escapar. Sólo Erik y Sam, los gemelos, han notado algo durante la vigilancia del fuego. Vuelven asustados al campamento y se organiza una batida. En el camino el grupo encuentra un jabalí al que Ralph consigue dar. Los niños están tan entusiasmados que comienzan a bailar y representan un ritual que acaba con el sacrificio de un miembro del grupo.

Poco a poco, el rumor de que en la isla hay un monstruo se ha extendido entre los niños. Pero en realidad se trata del cuerpo sin vida del paracaidista. Se decide ir en su busca para calmar a los más jóvenes. Jack desafía a Ralph y a Robert a que los acompañe en la persecución de la bestia. Pero al ver una forma imprecisa que se infla y se desinfla, los niños huyen. Por consiguiente, Jack pone en duda las cualidades de Ralph y pide a los niños que elijan un bando. Los niños vacilan y no eligen ninguno. Jack los abandona humillado.

Organiza con los cazadores su propio clan y le llevan al monstruo una cabeza de jabalí clavada en una estaca como ofrenda. Simon, que asiste a la escena, está desconcertado al ver la cabeza del jabalí y la nube de moscas que la rodea. Su confusión le hace creer que la cerda es el señor de las moscas, una fuerza demoníaca, que se está dirigiendo hacia él. Más tarde, cuando entra en razón, descubre la verdad sobre el falso monstruo y decide advertir a los otros.

Finalmente, la mayoría de los niños se unen a Jack. Este tiene una gran fortaleza que aprovecha para reinar a través del miedo: Jack y Roger recurren a la humillación y a la tortura. Ralph y Piggy, por su parte, están preocupados y acuden al campamento de Jack. El grupo comienza una danza tribal, a la que se une tímidamente Ralph. Pero una masa que ellos confunden con un monstruo irrumpe en el círculo. Los niños, desenfrenados, lo golpean con violencia. No han reconocido a Simón, que ha muerto por los golpes y que venía a explicarles que el monstruo era en realidad el paracaidista. Ralph piensa que ha sido un asesinato y no un accidente. Vuelve con Piggy a su cabaña.

Allí escuchan una voz que susurra el nombre de Piggy. Tiene lugar una pelea, pero los asaltantes acaban huyendo, y sólo se llevan las gafas de Piggy. Ralph, convencido de que se trata de un ataque de Jack, va a su campamento con Porcinet, Erik y Sam. El duelo entre los jefes es terrible: luchan con lanzas. Atan y raptan a los gemelos Erik y Sam. Piggy coge la caracola en mano y pide la palabra para intentar calmar los ánimos. Roger, a lo lejos, mueve una palanca que retiene una enorme piedra, que cae por la pendiente y golpea de lleno al niño: este se choca contra el suelo quince metros más abajo, muriendo en el acto. Ralph, al que Jack ha herido gravemente, huye. Se esconde en el bosque, pero consigue acercarse a Erik y Sam, que desde ese momento están al servicio de Jack. Los gemelos le aconsejan que huya ya que se ha preparado para el día siguiente una batida que irá a capturarlo.

Persiguen al niño. Jack prende fuego al bosque para hacerle salir de la maleza y, como se siente amenazado por el fuego y por la brutalidad de los otros niños, Ralph acaba saliendo de su escondite. Se desploma en la playa delante de un oficial que, alertado por el fuego que ha alcanzado toda la isla, ha amarrado su barco. Los niños llegan en estado de shock. Después de una breve vacilación, estallan en llantos ante el desconcierto de los adultos.

ESTUDIO DE LOS PERSONAJES

RALPH

Ralph es uno de los niños mayores de la isla. Lo eligen como jefe tras una votación, no por sus acciones heroicas sino por su carisma. Es un excelente orador que sabe cuándo hablar y lo que conviene decir para calmar los ánimos.

Como jefe, toma decisiones esenciales para el buen funcionamiento del grupo: enciende un fuego como señal de humo, utiliza una caracola como medio de expresión, construye cabañas, cede la caza a Jack, etc. Ralph siempre tiene muy presente lo que eran antes de aterrizar en la isla, es decir, unos buenos estudiantes ingleses. Este recuerdo le permite conservar la poca civilización que les queda y no ceder a la decadencia.

Pero el personaje pierde su influencia en los otros niños a medida que el poder de Jack se confirma. Su prestigio se debilita al mismo tiempo que sus cualidades como jefe: con frecuencia, olvida los motivos de sus acciones y debe recurrir a la ayuda de Piggy. En estos momentos de vulnerabilidad, su facilidad verbal y su capacidad de iniciativa quedan reducidas a la nada («Ralph se sorprendió ante la cortina que nublaba su cerebro», Golding, 1999, 197). Su brillante espíritu no ha podido resistir completamente al salvajismo en el que han caído los ex estudiantes.

Ralph es el representante del orden, de la civilización y del poder positivo, orientado siempre hacia el bien. Al perseguir a su antiguo jefe, los niños acaban rechazando toda clase de moral y de responsabilidad para con la sociedad.

JACK MERRIDEW

Jack Merridew es uno de los mayores junto a Ralph. Es el jefe de la coral. Es un líder natural, atraído por el poder, del que no puede esconderse. Por otro lado, está furioso por no haber sido elegido jefe y su sed de poder es tal que abandonará el campamento de su rival para hacer el suyo propio. Asimismo, la caza le apasiona: le fascina el poder que siente acorralando y matando a las presas. Este deseo de dominar crece y se vuelve cada vez más irracional, hasta el punto de que acaba reemplazando la caza del cerdo por la caza del hombre (Ralph en este caso).

Jack es la antítesis de Ralph, con quien comparte un cierto carisma. Su modo de organización, menos estricto que el de Ralph, es más atrayente para los niños, que se contentan con vivir el momento presente. Sin embargo, su poder es violento, brutal, se basa en la satisfacción de los instintos primarios y se funda en el miedo, la humillación y la tortura.

Jack representa los peores aspectos del comportamiento humano que, cuando no está controlado por las reglas de la civilización, se pierde en el salvajismo.

PIGGY

Piggy, cuyo nombre nunca conoceremos, representa la tercera fuerza después de Ralph y Jack. Aunque posea una inteligencia y una capacidad de reflexión que los otros no tienen, no consigue hacerse escuchar y que lo respeten debido a su cuerpo rollizo y a su fragilidad asmática. Como no puede aspirar al primer rango, se vuelve la mano derecha de Ralph. Sin embargo, desempeña un papel crucial en el seno de la organización del grupo: el fuego no es posible sin él y sin sus gafas.

Del mismo modo, hace gala de una gran racionalidad cuando los niños se dejan vencer por el miedo debido a la ignorancia, como cuando Piggy se opone a la posibilidad de que existan los fantasmas. La última vez que toma la palabra la última posibilidad que tiene el grupo de volver a la razón y al orden. Pero su trágica muerte y la destrucción de la caracola eliminan toda posibilidad de retorno a la civilización. Desde ese momento, el descenso al salvajismo se hace irremediable.

SIMON

Simon es un niño tranquilo y sereno, que sufre con frecuencia las burlas de los demás por su carácter distraído y soñador. Siente una conexión especial con la naturaleza y le gusta pasearse solo en el bosque, donde experimenta sensaciones extraordinarias.

Siente una profunda aversión por la cabeza del jabalí, el Señor de las moscas, signo de la brutalidad, hasta el punto de sufrir alucinaciones.

Será sacrificado durante una ceremonia tribal en el altar de las supersticiones, justo cuando acaba de decir la verdad y de restablecer la sensatez en el grupo. Su muerte marca el fin de la inocencia de los niños.

ROGER

Roger es el subordinado de Jack en el nuevo campamento. Tras comprender que las tentativas de civilización no llevan a nada, se deja llevar por sus peores tentaciones: mata a Piggy y aterroriza a los otros niños humillándolos y torturándolos.

Representa la crueldad humana, el placer de infligir sufrimiento y de matar, de forma que los peores defectos del hombre quedan reunidos en un único personaje.

CLAVES DE LECTURA

UNA VISIÓN PESIMISTA DE LA HUMANIDAD

William Golding es un moralista que utiliza la alegoría y la metáfora para retratar la caída del hombre y el triunfo del mal. *El señor de las moscas* es una alegoría de la lucha que puede librarse entre la civilización y la barbarie. A lo largo de la novela encontramos una gran tensión entre el espíritu de grupo y la individualidad, las reacciones racionales y las emocionales o incluso entre la moralidad e la inmoralidad.

Esta oposición se refleja en los conflictos que enfrentan al campamento de Ralph y el de Jack:

- Ralph representa la civilización. Desde el comienzo, sus primeras acciones como jefes están destinadas a establecer un cierto orden entre los niños y a construir una sociedad estable en la isla. La caracola garantiza que los niños hablen y sean escuchados. Piggy proporciona al grupo la inteligencia y la reflexión, que son las bases de toda cultura humana;
- Jack simboliza el salvajismo y el deseo incontrolable de dominio y poder. La sociedad que construye se abandona al placer y no parte de ningún principio democrático. A partir de entonces la única manera de controlar al grupo es recurriendo al miedo, la violencia y la humillación.

Lejos del mundo de los adultos y de sus reglas, los niños rompen todas las barreras que han marcado su educación y se dejan llevar por la brutalidad y por sus instintos primarios.

A pesar de su juventud, estos niños ya no son inocentes: la violencia y el mal están en ellos como en cualquier persona. Ha hecho falta que se alejen de los códigos morales para que caigan en el salvajismo.

Golding tiene una visión extremadamente dura de la naturaleza humana: la civilización es una construcción que pende de un hilo y el hombre, que se debate entre el bien y el mal, siempre sucumbirá ante el segundo.

UN FUERTE CONTENIDO SIMBÓLICO

En la obra encontramos una gran carga simbólica:

- la caracola, que Ralph y Piggy encuentran y que utilizan para reunir a todos los niños perdidos en la isla tras el accidente. Ralph se da cuenta de su valor y le concede un papel primordial en la vida cotidiana del campamento: la concha convoca a los niños a asamblea y da la palabra a quien la coge. Permite que los niños se expresen y sean escuchados. Por tanto, se constituye como un símbolo de democracia, cortesía y orden en el grupo. A medida que los niños se vuelven cada vez más salvajes, la concha deja de tener influencia sobre ellos. El fin de la tolerancia queda marcado cuando la caracola se rompe tras caerse la piedra, iniciándose así la barbarie;
- la bestia. Uno de los niños dice haber visto algo que se asemejaba a una bestia. Esta adopta varias formas: primero es una serpiente, después un monstruo marino y, por último, «una forma que se hincha» (el paracaídas). Los insulares le ofrecen sacrificios y lo consideran una

nueva divinidad, con el fin de conjurar su miedo. Simon es el único que comprende que la bestia asusta a todos porque hay una parte de ella en cada uno de los niños: cuanto más grandes es el salvajismo de los niños, más fuerte es su temor, y más real parece el monstruo;
- el señor de las moscas. Se trata de una cabeza de jabalí que Jack ha clavado en una estaca, como ofrenda a la bestia. El animal, figura tierna e inocente antes de ser asesinada, se convierte en una imagen sangrienta y oscura. Este cambio representa la transformación que sufren Jack y los demás durante su estancia en la isla. El señor de las moscas se vuelve por tanto la encarnación del mal. Su nombre es más simbólico en tanto que Belzebuth (demonio ancestral) significa «señor de las moscas» en hebreo;
- por último, las gafas de Piggy que constituyen un doble símbolo: no sólo representan el conocimiento, la cultura y la erudición, sino la clave para encender el fuego, tan esencial en la historia de la humanidad.

UNA REACCIÓN A LAS NOVELAS DE AVENTURAS

El señor de las moscas es una reacción a las novelas de aventuras y en particular a *Robison Crusoe* (1719) de Daniel Defoe y a *La isla de coral* (1857) de Ballantyne, que relata las peripecias de unos jóvenes aventureros en lugares desconocidos. Golding toma prestado de Ballantyne la idea de una isla desierta poblada de niños, pero trata el tema de manera diferente.

El relato del autor comienza como una simple novela de

aventuras: los niños llegan a un paraíso terrestre y viven en plena armonía con una naturaleza suntuosa. Pero esta felicidad durará poco: la isla es inquietante y esconde importantes secretos. Si Robinson, el héroe de Defoe, consigue hacer frente a la naturaleza salvaje sin perder su lado civilizado, no ocurrirá lo mismo en *El señor de las moscas*, donde los niños olvidan los valores de su educación.

El género de la novela de aventuras se basa en una visión maniquea del mundo, en el que el bien se enfrenta al mal, tal y como ocurre en la obra de Golding. Pero los que ganan el combate no son los mismos. En las novelas de aventuras, el bien triunfa sobre el mal y se privilegian los valores de la civilización occidental, mientras que en la obra de Golding triunfa el lado oscuro del hombre en un universo exento de moral.

PISTAS PARA LA REFLEXIÓN

ALGUNAS PREGUNTAS PARA PROFUNDIZAR EN SU REFLEXIÓN...

- ¿Qué representan Ralph y Jack respectivamente?
- ¿Por qué podemos decir que *El señor de las moscas* es una metáfora?
- En su opinión, ¿son los niños inocentes? Justifique su respuesta.
- ¿A lo largo de su novela Golding desarrolla una visión de la condición humana optimista o pesimista?
- Explique cuál es la carga simbólica de la caracola y las gafas.
- Explique en qué consiste la democracia con sus palabras y con ayuda del libro.
- ¿Cuáles son las semejanzas y las diferencias entre *El señor de las moscas* y las novelas de aventuras?
- ¿Conoce usted otros relatos que tengan como protagonista a náufragos en una isla desierta? Compárelos con la obra de Golding.
- En su opinión, ¿por qué se lee tanto esta novela en los colegios?
- ¿Cree que es una obra realista? Justifique su respuesta.

¡Su opinión nos interesa!
¡Deje un comentario en la página web de su librería en línea,
y comparta sus favoritos en las redes sociales!

PARA IR MÁS ALLÁ

EDICIÓN DE REFERENCIA

- Golding, William. 1999. *El señor de las moscas*. Traducido por Carles Serrat Mulá. Madrid: El Mundo Unidad Editorial, colección *Millenium*.

ADAPTACIONES

- *El señor de las moscas*. Dirigida por Peter Brook, con James Aubrey, Tom Chapin y Hugh Edwards. Estados Unidos, 1963.
- *El señor de las moscas*. Dirigida por Harry Cook, con Balthazar Getty, Chris Furrh y Danuel Pipoly. Estados Unidos, 1990.
- Vehlmann y Gazotti. Cómic *Solos*, 5 tomos. Madrid: Dibbuks.

ResumenExpress.com

GUÍA DE LECTURA

Muchas más guías para descubrir tu pasión por la literatura

- **Cien años de soledad** de Gabriel García Márquez
- **El código Da Vinci** de Dan Brown
- **El extranjero** de Albert Camus
- **El viejo y el mar** de Ernest Hemingway
- **Los pilares de la Tierra** de Ken Follett
- **Macbeth** de William Shakespeare

www.resumenexpress.com

© ResumenExpress.com, 2016. Todos los derechos reservados.

www.resumenexpress.com

ISBN ebook: 9782806273826

ISBN papel: 9782806285768

Depósito legal: D/2016/12603/512

Cubierta: © Primento

Libro realizado por Primento, *el socio digital de los editores*

Printed in Great Britain
by Amazon